पन्द्रह पाँच पचहत्तर

पन्द्रह पाँच पचहत्तर

गुलज़ार

वाणी प्रकाशन

प्रकाशन के उत्कृष्टतम 60 वर्ष

vaniprakashan.com

पहला संस्करण : 2010
दूसरा संस्करण : 2015
तीसरा संस्करण : 2020
चौथा संस्करण : 2024

वाणी प्रकाशन

4695, 21-ए, दरियागंज, नयी दिल्ली-110 002

फ़ोन : +91 11 23273167, 23275710

शाखाएँ

अशोक राजपथ, पटना-800 004, बिहार

कॉफ़ी हाउस कैम्पस, महात्मा गांधी मार्ग, इलाहाबाद-211 001, उत्तर प्रदेश

महात्मा गांधी अन्तरराष्ट्रीय हिन्दी विश्वविद्यालय, वर्धा-442 001, महाराष्ट्र

36/ए, शेक्सपियर सरणी, रानी बिरला गर्ल्स कॉलेज के पास, कोलकाता-700 017, प. बंगाल

sales@vaniprakashan.in
vaniprakashan@gmail.com

PANDRAH PANCH PACHHATTAR
by Gulzar

ISBN : 978-93-5229-156-4
Collecton of Poems

आवरण और स्केच : गुलज़ार
सज्जा परिकल्पना : डॉ. लाल रत्नाकर

आर. टेक ऑफ़सेट प्रिंटर्स, दिल्ली-110 032 में मुद्रित

वाणी प्रकाशन का लोगो मक़बूल फ़िदा हुसेन की कूची से

मेरे समय के नाम!

पन्द्रह पाँच पचहत्तर

अशोक वाजपेयी –

अशोक जी मुझसे सीनियर हैं – दोस्त भी हैं – हमदर्द भी!

अच्छा शायर होने के अलावा, शास्त्रीय संगीत के जानकार भी हैं – और पेण्टिंग के फ़न से भी अच्छी तरह वाक़िफ़ हैं।

मैं हमेशा से ये मेहसूस करता रहा हूँ कि शायरी सिर्फ़ अल्फ़ाज़ का फ़न नहीं, उसमें मौसीक़ी और मुसव्वरी दोनों शामिल हैं। वो न हों तो नज़्म सिर्फ़ एक बयान बन के रह जाती है। न रस – न रंग!

नज़्मों का ये मजमुआ छपवाने से पहले उन्हें दिखाना चाहता था कि एक नज़र देख लें। दो एक नज़्मों पर अशोकजी ने उँगली रक्खी, तो मैंने इतनी तेज़ी से काटीं कि उनकी उँगली कटने से बच गई।

यतीन्द्र मुझसे छोटे हैं, मगर दोस्त हैं। हर बात में सलाह लेता हूँ।

अरुण माहेश्वरी सलाह मान लेते हैं, इसलिए बहुत मश्कूर हूँ। क्योंकि किताब बहुत ख़ूबसूरत छापते हैं!!

गुलज़ार

गुलज़ार की कविता

अमरीकी कवि वैलेस स्टीवेन्स ने बरसों पहले कहा था कि यह हर दिन नहीं होता कि दुनिया कविता में अपने को सँजो पाये। इसकी एक वजह तो बिलकुल साफ़ है : दुनिया हर समय है जबकि कविता कभी-कभी हो पाती है। पर दूसरी तरफ़ यह भी सही है कि कविता खुद अपनी एक दुनिया बसाती है जो लगती तो हमारी दुनिया जैसी ही है पर अकसर अद्वितीय होती है। कविता से हम 'अनचिन्हार' को 'चीन्हते' हैं।

गुलज़ार की कविता में उनकी और हमारी भी दुनिया बख़ूबी रची-बसी है : हम उसके बिम्बों और लयों में अपनी दुनिया या अपने अनुभव अनुगुंजित पाते हैं। लेकिन इन अनुगूँजों से परे हमें ऐसी आवाज़ें सुनाई पड़ती हैं, अर्थ की ऐसी परतें दिखाई देती हैं कि हमें अचरज होता है कि ये हमारी दुनिया से ही इस कवि के माध्यम से सामने आ रही हैं। अच्छा कवि अप्रत्याशित की खोज में नहीं भागता : उसके यहाँ अकस्मात् और अनायास अप्रत्याशित होता है। तभी 'हिचकी हिचकी बारिश आती है', 'आसमान की कनपट्टियाँ' 'पकने लगती हैं', 'लान में' 'तेरे उतारे हुए दिन' 'टँगे' नजर आते हैं और 'तारे जम्हाइयाँ लेते हैं'। आज की उर्दू कविता में गुलज़ार की कविता अपनी अलग जगह रखती है तो इसीलिए कि उनमें रवायात का बोझ बहुत भारी नहीं है और अपने आस-पास की ज़िन्दगी से लेकर कायनाती मंज़र तक को थोड़ी सी जगह में या थोड़ी सी देर के लिए घेरने का जोखिम उठाया गया है।

गुलज़ार के यहाँ बहुत ज़्यादा कहने की उतावली नहीं है। उनका आग्रह उतना ही कहने पर है जितना कि ज़रूरी हो, जो सटीक बैठे। गुलज़ार की कविता, एक बार फिर, हमें यह भरोसा दिलाती है कि आज की दुनिया और समय में कविता हमारे साथ है और अपनी दुनिया की कई सुन्दरताएँ, उलझनें और विडम्बनाएँ कविता के सहारे बेहतर समझ सकते हैं।

–अशोक वाजपेयी

अनुक्रम

दुआएँ फूँकते रहे...

ख़याल को वुजूद देके, उसको ढूँढ़ते रहे!

ख़याल को वुजूद देके, उसको ढूँढ़ते रहे
वुजूद जो ख़याल था!
दुआएँ फूँकते रहे, धुएँ में हम
कि आग की लपट उठे तो थाम लें
उसे तुम्हारा नाम दें।

पहाड़ों की गुफ़ाओं में...
किसी ने जुस्तजू जलाके रक्खी थी
और इन्तेज़ार के लिए,
समय की इन्तेहा हटाके रक्खी थी
इबादतें तराशें पत्थरों पे और घर बना लिए ख़याल के पनाह के लिए,
बस इक उम्मीद के गुनाह के लिए।

तमाम शब जली है शमा हिज्र की...
उम्मीद भी बची है तो बस इतनी,
जितनी एक बाँझ कोख की उम्मीद हो!!

ठीक से याद नहीं...

ठीक से याद नहीं,
फ्रांस में "बोर्दो*" के पास कहीं
थोड़ी-सी देर रुके थे।
छोटे से क़स्बे में, इक छोटा-सा लकड़ी का गिरजा,
सामने 'ऑलटर' के, बेंच था...
एक ही शायद
भेड़ उठाए हुए इक 'ईसा' की चोबी मूरत!
लोगों की शम'ओं से
पाँव कुछ झुलसे हुए,
पिघली हुई मोम में कुछ डूबे हुए,
जिस्म पर मेख़ें लगी थीं
एक कन्धे पे थी, जोड़ जहाँ खुलने लगा था
एक निकली हुई पहलू से, जिसे भेड़ की टाँग में ठोंक दिया था
एक कोहनी के ज़रा नीचे जहाँ टूट गई थी लकड़ी...
गिरके शायद...या सफ़ाई करते!

* बोर्दो – Bordeaux

कभी आना पहाड़ों पर...

कभी आना पहाड़ों पर...
धुली बर्फ़ों के नम्दे डालकर आसन बिछाए हैं
पहाड़ों की ढलानों पर बहुत से जंगलों के ख़ैमे खींचे हैं
तनाबें बाँध रक्खी हैं कई देवदार के मज़बूत पेड़ों से
पलाश और गुलमोहर के, हाथों से काढ़े हुए तकिये लगाए हैं
तुम्हारे रास्तों पर छाँव छिड़की है।
मैं बादल धुनता रहता हूँ,
कि गहरी वादियाँ ख़ाली नहीं होतीं
ये चिल्मन बारिशों की भी उठा दूँगा, जब आओगे!

मुझे तुम ने ज़मीं दी थी
तुम्हारे रहने के क़ाबिल यहाँ इक घर बना दूँ मैं
कभी फ़ुर्सत मिले जब बाक़ी कामों से, तो आ जाना
किसी 'वीक एण्ड' पे आ जाओ!

दोनों इक सड़क के आर-पार चल रहे हैं हम

दोनों इक सड़क के आर-पार चल रहे हैं हम
उस तरफ़ से उसने कुछ कहा जो मुझ तक आते-आते
        रास्ते के शोरो-गुल में खो गया...
मैंने कुछ इशारे से कहा मगर,
चलते-चलते दोनों की नज़र न मिल सकी

उसे मुग़ालता है मैं
उसी की जुस्तुजू में हूँ
मुझे ये शक है, वो कहीं
वो न हो, जो मुझ से छुपता फिरता है!

सर्दी थी और कोहरा था...

सर्दी थी और कोहरा था और सुबह की बस आधी आँख खुली थी,
        आधी नींद में थी!
शिमला से जब नीचे आते
एक पहाड़ी के कोने में
बस्ते जितनी बस्ती थी इक
बटवे जितना मन्दिर था
साथ लगी मस्जिद, वो भी लॉकिट जितनी
नींद भरी दो बाँहों जैसे मस्जिद के मीनार गले में मन्दिर के,
दो मासूम खुदा सोए थे!
इक बूढ़े झरने के नीचे!!

हिचकी-हिचकी बारिश आई...

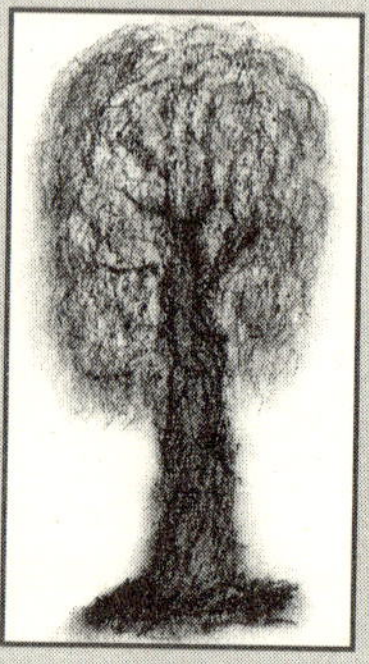

बारिश होती है जब

बारिश होती है जब
तो इन गारे पत्थर की दीवारों पर,
भीगे-भीगे नक़्शे बनने लगते हैं।
हिचकी-हिचकी बारिश तब...
पहचानी-सी एक लिखाई लिखती है
बारिश कुछ कह जाती है।

ऐसा ही अश्कों से भीगा
इक ख़त शायद, तुमने पहले देखा हो?

बारिश आती है तो...

बारिश आती है तो मेरे शहर को कुछ हो जाता है
टीन की छत, तर्पाल का छज्जा, पीपल, पत्ते, पर्नाला
सब बजने लगते हैं

तंग गली में जाते-जाते,
साइकल का पहिया पानी की कुल्लियाँ करता है
बारिश में कुछ लम्बे हो जाते हैं क़द भी लोगों के
जितने ऊपर हैं, उतने ही पैरों के नीचे पानी में
ऊपर वाला तैरता है तो नीचे वाला डूबके चलता है

ख़ुश्क था तो रस्ते में टिक टिक छतरी टेक के चलते थे
बारिश में आकाश पे छतरी टेक के टप टप चलते हैं!

मेघा काले... काले मेघा...

मेघा काले...काले मेघा...
कहाँ-कहाँ भटके फिरते हो
किन सौतन भरमाय ली तुम को?

ढेला ढेला खेत गोड़ के
और ब्याज पे बीज उठा के
सोच रहे थे सावन में न आए तो भादों आओगे।
दूर उफ़क़ से आते तो देखा था हमने
और आकाश पे चढ़ते भी देखा था, कोई लाठी और लंगोट
पहनके हाँक रहा था।

बीच डगर में कहाँ गए तुम, काले मेघा?
कौन थे वो जो 'तागा' बाँध के नथनी में,
और कहीं को हींच के ले गए।

जाते-जाते, काले मेघा, तुमने नीचे देखा था क्या?
मेरा गाँव वैसे ही सूखा है अब तक
नदी तो कीच की भीगी पगडंडी लगती है
नैया कैसे ठेलें उसमें?
कुआँ उँड़ेलें नदिया में, या नदिया लावें कुएँ के मुख तक
दोनों प्यासे इक-दूजे का मुँह तकते हैं!
काले मेघा...
चक्की क्या पीसे, क्या बाँटे
आटा ले जाता है बनिया

‘धनया’ को चोकर मिलता है
‘पुनया’ अपनी नसलें लेकर
खेत की मेंड़ पे बैठ गई है
बच्चे तो घर की खेती हैं, बँधुआ रखके
जौ की टोकरी मिल जाती है!
‘नेन’ का छोरा बाप के संग दरियाँ बुनता है
‘रूपा’ जंगल में सूखी लकड़ी चुनती है।

तैने ये भी देखा होगा,
शहर को छापे मारने की आदत है, मेघा
शहर डकैती करे तो बच्चे जेब में भर के ले जाता है
बच्चे बिक जाते हैं जैसे रेहड़ी पर भुट्टे बिकते हैं।

मेघा तुम भी ऊँची अटारी देखके घन बरसाते हो अब
ऊँचे पहाड़ों की बर्फ़ों से क्यों जाकर टकराते हो?
ये बर्फ़ें कब पिघली हैं,
उनके पाँव तले से पानी बहता है जब...
मेरे गाँव तलक आते-आते कुछ लोग कुदालों से,
काट के ले जाते हैं पानी।
मेरे खेत की प्यास नहीं जाती मेघा!
कब तक ओस की बूँदों से मैं अपनी प्यासी खेती सींचूँ?
मेघा काले... काले मेघा...!!

मॉनसून की सिम्फ़नी

कार का इंजन बंद करके
और शीशे चढ़ाके बारिश में
घने-घने पेड़ों से ढँकी 'सेंट पॉल रोड' पर
आँखें मींच के बैठे रहो और कार की छत पर
        ताल सुनो तब बारिश की!

गीले बदन कुछ हवा के झोंके
पेड़ों की शाख़ों पर चलते दिखते हैं
शीशे पे फिसलते पानी की तहरीर में उँगलियाँ चलती हैं।
कुछ ख़त, कुछ सतरें याद आती हैं
मॉनसून की सिम्फ़नी में!

बारिश आने से पहले...

बारिश आने से पहले,
बारिश से बचने की तैयारी जारी है
सारी दरारें बन्द कर ली हैं
और लेप के छत, अब छतरी भी मढ़वा ली है
खिड़की जो खुलती है बाहर
उसके ऊपर भी इक छज्जा खींच दिया है
'मेन सड़क' से गली में होकर, दरवाज़े तक आता रस्ता
बजरी मिट्टी डालके उसको कूट रहे हैं!
यहीं कहीं कुछ गड्ढों में
बारिश आती है तो पानी भर जाता है
जूते, पाँव, पाँचे सब सन जाते हैं

गले न पड़ जाए सतरंगी
भीग न जाएँ बादल से
सावन से बचकर जीते हैं
बारिश आने से पहले
बारिश से बचने की तैयारी जारी है!!

सर में कैक्टस उगे हुए हैं...

पंखे से उड़ती है तो बल्ब पे जा बैठती है...

पंखे से उड़ती है तो बल्ब पे जा बैठती है
आईना देखती है दो तरफ़ा झटक कर गर्दन
इतनी-सी चिड़िया है, कुल एक छटंकी भर की
जब चहकती है तो सर ही पे उठा लेती है सारा कमरा
ख़बरें भी ठीक से सुनने नहीं देती मुझ को!

कितने मासूमों के घर दंगों में जल कर
मलबे का ढेर हुए जाते हैं गुजरात में...
...और ये है,
एक टूटे हुए रोज़न में इसे
तिनके सजाने की पड़ी है!

बग़दाद...

जंग का कूड़ा एक जगह पर जमा हुआ है
पहली बार है...
इतने सारे बाज़ू, टाँगें, हाथ और सर और पाँव
        ऐसे अलग-अलग बिखरे देखे हैं
बचे-खुचे पुरज़े लगते हैं
*'स्पेयर पार्ट्स' हैं

बाज़ू एक जुलाहे का, हिलता है अब तक
काँप रहा है या शायद कुछ कात रहा है
टाँग है एक खिलाड़ी की... रन आउट हुआ है
घर तक दौड़ते-दौड़ते राह में मारा गया।

सर है एक, जो लुढ़क रहा है
टूटे-फूटे शे'र अभी तक सर में खड़-खड़ बजते हैं
नज़्मों के छंद टूट गए हैं
उँगलियाँ रेंग रही हैं कुछ
मिट्टी में तारीख़ दर्ज करने की कोशिश लगती है!

पुरज़ा-पुरज़ा खोलके एक *मैकेनिक ने
उनकी मरम्मत चाही थी...
बुरा लगा था उसको ये पुरज़े आवाज़ें करते हैं!!

---

* Spare Parts
* Mechanic

सूरज की इस बैकलाइट में

सूरज की इस बैकलाइट में
घर के खन्डर...
और दीवारों पर बैठे अफ़ग़ानी बच्चे,
अमरीका के 'आर्ट जर्नल' के 'कवर पेज' पर
        अब भी ज़िंदा लगते हैं!
हल्का-हल्का धुआँ निकलता रहता है!!

दो सौ फुट से भी ऊँची इक धुएँ की खुम्बी...

“दो सौ फुट से भी ऊँची इक धुएँ की खुम्बी
पेचदार, बल खाती हुई
और ऊपर इक छतरी काले गाढ़े धुएँ की खुलती गई
छोटे-से इक बम के पेट से निकली और
पूरे क़न्धार पे फैल गई
दिन दोपहरे, अँधेरा अँधेरा, हर सू फैल गया।
जैसे-जैसे काले धुएँ की राख ज़मीं पर गिरती थी
चलते-फिरते लोग सभी मर जाते थे।”

आने वाली नस्लों में जब
फिर कोई नानी आज की बात सुनाएगी तो
बच्चे वो भी एक कहानी समझके आँखें बंद कर लेंगे...सो जाएँगे!!

अब ख़ानम की फ़िक्र न करना अब्बू तुम...

अब ख़ानम की फ़िक्र न करना अब्बू तुम
नींद की गोलियाँ बंद कर दी हैं
तल्ख़ दवाइयाँ ख़त्म हुईं

वो जो रात को डरती थी ना
आसमान पर उड़ते तम्बू देखती थी
दीवार पकड़के कहती थी वो...
'रोको, रोको, घर चलता है'
हौल नहीं पड़ते अब उसको
एक टैंक अचानक घर में घुस आया था
जुमेरात के दिन, थोड़ी-सी, जो भी मिली, दफ़ना आए हम!
अब ख़ानम की फ़िक्र न करना अब्बू तुम!!

आसमान की कनपट्टियाँ जब पकने लगीं...

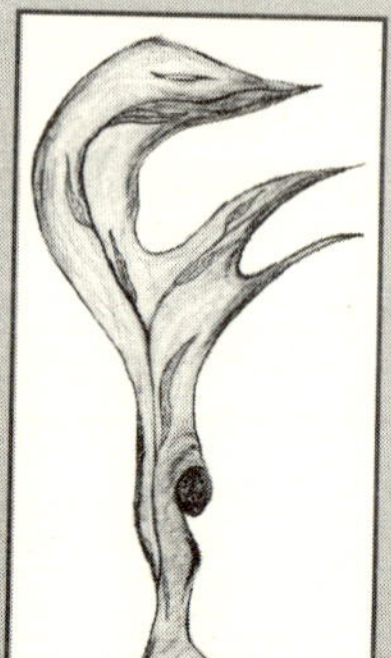

2085 After the Nuclear...

सबसे ख़ूबरू था वो सय्यारा नीले रंग का!
कहकशां की आँख था...

कहकशां में उड़ते-उड़ते,
इक बड़ी 'इनर्जी' ने
छोटी इक इनर्जी से कहा : कुछ इस तरह हुआ...

कुछ नहीं था पहले उस ज़मीन पर, आस्मान भी नहीं
पानी था, शफ्फ़ाफ़ था,
पानियों पे चलती रहती थी हवा,
गैसों का धुआँ था, और कुछ नहीं...
रात भी हुआ ही करती थी मगर,
अँधेरा चिकना लगता था, चमकता था,
पानी में भी कहकशां का अक्स देख सकते थे
अपनी कहकशां में तो...
सब से ख़ूबरू था वो सय्यारा नीले रंग का!

छोटी उस इनर्जी ने
मुड़के देखा इक जला हुआ ज़मीं का टुकड़ा घूमता हुआ
गिरने वाला था, किसी भी वक़्त आफ़ताब में
एक बार टिमटिमा के फिर कहा इनर्जी ने,
और फिर ज़मीन को...
जाने कैसे लग गई थी ज़िन्दगी!
धीरे-धीरे...
उस ज़मीं को खा गई....ज़िन्दगी!!

Genesis - 1

ला महदूद ख़ला ही ख़ला.....
बे अंत समय
और आग ही आग...धुआँ ही धुआँ
और गैसें सारी काइनात में
पल-पल "नोवा"* (Nova) फूट रहे थे
सूरज और सय्यारे छिटक कर
अरबों-खरबों मीलों तक चिंगारियों जैसे उड़ते थे
नई-नई दुनियाएँ मुरत्तब होने लगी थीं।

काल माई ने...
काइनात* में दूर दराज़ की एक "नवाही गैलेक्सी"* के
नीले रंग के, गोल-से इक सय्यारे पर
ये कह के ख़ुदा को छोड़ दिया
बे-सब्रा है ये, जल्द बड़ा हो जाएगा!!

---

* नोवा, सुपर नोवा : गैसों का जमघट जिसके फूटने से सूरज और सय्यारे पैदा होते हैं।

* काइनात में कई तरह की ज़िंदगी के अमकानात हैं। एक अमकान ये भी है कि जहाँ ज़िंदगी बिना जिस्म के सिर्फ़ 'इनर्जी' के रौशन नुक़्तों की तरह घूमती होगी।

* नवाही गैलेक्सी : हमारी गैलेक्सी "कहकशां" (Milky way) मर्कज़ी काइनात से दूर एक Suburban Galaxy कहलाती है।

Genesis - 2

सारा आँगन धुआँ-धुआँ था
काल माँ चूल्हे पर कब से गीली लकड़ी फूँक रही थी,
जब तक ये बे-सब्रा बच्चा....
धुएँ का आँचल खैंच के सर पे आसमान को तान रहा था,
ज़र्द उफ़क़ की चोटी पकड़े
नील समन्दर बाँध रहा था
और काल माई....
सूखे तिनके तोड़-तोड़के, बालन विथ्यों में रखती जाती थी
चूल्हे में आग का पेड़ उगेगा, तब रोटी उतरेगी!!

Genesis - 3

माँ चूल्हे पर बैठी बेल रही थी काल
काल की रोटी फूले जब तक
बे-सब्रा बच्चा....
थाली औंधी सीधी कर के
''रात और दिन, और दिन और रात,'' खेल रहा था
हाथ से छूट न जाए कांसी का आकाश
गिर न जाएँ थाली से तारों के चावल
काल माई ने.... चाँद-कटोरी रख दी उसकी थाली में!!

Genesis - 4

काल माँ चूल्हे पर हाँडी रखके, कब से बैठी है
कच्चे दाने गल जाएँ और एक उबाला आ जाए!
ये बे-सब्रा बच्चा बैठा...
उँगली रख के गोल कटोरी के अन्दर
गोल गोल थाली पर तेज़ घुमाता है
काल को डर है.......
ग्रहमण्डल से फिर कोई सय्यारा उड़कर
चूल्हे में न आन गिरे!
उफ़्फ़ ये काली काइनात की हाँडी कब तक उबलेगी!!

इक पीपल था...

कहते हैं इक पीपल था
ऊपर वाली बर्फ़ की चोटी से उतरा था
कुण्डली मार के धूप में इक दरिया सोया था
उस पर पाँव पड़ा और पीपल... ठहर गया!
सूरज ने देखा, दरिया की आँख में पीपल की तस्वीर उतर आई थी
दरिया दिन भर गुन-गुन करता रहता था
रात को करवट लेकर, पीपल के ज़ानो पर सर रख कर सोचा करता था
काश खड़ा हो सकता वो भी पैरों पर
और गले लग सकता उठकर पीपल के
इक सिंदूरी शाम कमर लहराती हुई
दोनों के बीच से होकर रोज़ निकलती थी।

जब कुछ सदियाँ बीत गईं
और आस्मान के बाल भी कनपट्टियों के नीचे पकने लगे
एक रोज़ उस चिकनी शाम का हाथ पकड़ कर पीपल ने
रोका उसको...सुन
क्यूँ मुँह काला करने जाती है तू रोज़ उसी सूरज के
पीछे-पीछे...पार उफ़क़ के?

लाली फिर गई शाम के मुँह पर
शाख़ से पत्ता तोड़के,
लिखकर चिट्ठी उस पर,
हाथ में दी.... जा, जाकर देना उस आकाश स्वामी को।
शाम का चेहरा स्वाह (राख) होते-होते वो भागी

लेकिन राह में...
चाँद ने हाथ मरोड़ के चिट्ठी छीन ली उससे
राहू, केतू, भागे हाथ छुड़ाने उसका
शाम का कंगन सटका हाथ से, और शनि ने दौड़के कंगन लूट लिया
बड़-बोला 'दुमदार सितारा'* महवर महवर शोर मचाता भाग गया
सदियों तक गूँजी थी फिर वो बात घुमड़ती काइनात में!

सदियों बाद की बात है शायद...
या फिर उन्हीं दिनों की होगी
वक़्त खड़ाऊँ पहने, जब कुछ सय्यारों पर पाँव रखता
काइनात से गुज़र रहा था...

पीपल का इक पत्ता उड़ते-उड़ते
उसकी पीठ से आकर चिपक गया
वक़्त ने अपना रुख़ बदला और...

पर्वत-पर्वत पाँव रखता नीचे उतरा
रात की गोद में शाम पड़ी थी
दरिया लिपटा हुआ खड़ा था पीपल से
और पहाड़ के सीने पर, पहली-पहली घास उगी थी!

* Halley's Comet.

इक नक़ल तुझे भी भेजूँगा...

इक नक़ल तुझे भी भेजूँगा
ये सोचके ही...
तन्हाई के नीचे कार्बन पेपर रखके मैं,
ऊँची-ऊँची आवाज़ में बातें करता हूँ।

अल्फ़ाज़ उतर आते हैं काग़ज़ पर लेकिन...
आवाज़ की शक्ल उतरती नहीं
रातों की सियाही दिखती है!!

सैकड़ों बार गिने थे मैंने...

सैकड़ों बार गिने थे मैंने
जेब में नौ ही कंचे थे
एक जेब से दूसरी जेब में रखते-रखते
इक कंचा खो बैठा हूँ!
न हारा, न गिरा कहीं पर,
''प्लूटो''* मेरे आस्मान से ग़ायब है!!

* Pluto was deprived of its status as 'planet'

मटका भरके सूरज उल्टा...

मटका भरके सूरज उल्टा...

मटका भरके सूरज उल्टा, शाम ने दूर समन्दर की दहलीज़ पे जाकर
रात का पशमीना पहने तुम आई थीं!

रात तुम्हारे जिस्म से फिसली पड़ती थी
जिस्म तुम्हारा इक जलते सय्यारे-सा
दूध और धूप से गूँधी मिट्टी
एक फ़लक भर खुश्बू थी आवाज़ तुम्हारी!

तुम बोल रही थीं
होंट तुम्हारे चाँद की क़ाशें काट रहे थे!
मैं हैरां...
हैरां हैरां...
मटका भरके सूरज का, एक और सहर निकली पानी से
उँगली थाम के सुबह की तुम पानी पर चलते-चलते एक और उफ़क़ को लौट गईं!

वक़्त के पुरइसरार किसी "कौमेट"* की तरह
कायनात से आई तुम और कायनात में लौट गईं!!

* Comet.

हमने देखा था बहुत देर तलक...

हमने देखा था बहुत देर तलक डूबते सूरज की तरफ़
और जब चलते हुए हाथ मिलाया था, कहा था उसने—
"तुमने वादा तो किया है कि यहीं कल भी मिलोगे
और मुझसे भी कहा है कि गवाही देना!
मैं नहीं आऊँगा, कल दूसरा सूरज होगा!"

हमने देखा था बहुत दूर तलक डूबते सूरज की तरफ़!
दूसरे दिन भी मगर देखके हमको, वो हँसा क्यों था?

धूप का पुर्ज़ा...

शाम का सूरज जाते-जाते
दरवाज़े के नीचे से
धूप का इक छोटा-सा पुर्ज़ा फेंक गया है
कल आऊँ निश्चित तो नहीं है
लेकिन इस मामूरे में
आज का दिन भी जी पाए तुम
इसीलिए.....
ये पर्ची रख जाता हूँ कि सुंदर है!

चिट्टे दूधिया बादलों में इक भेड़ का बच्चा...

चिट्टे दूधिया बादलों में इक भेड़ का बच्चा
अन्धाधुन्ध ही, प्लेन के पीछे भाग रहा था
बाएँ विंग से टकराया है
ज़ख़्मी होकर लुढ़क गया है!
सूरज लौट रहा था, उसने रुककर देखा
और कुछ पल को ठहर गया...!
रूई के गालों से उसने कोशिश की है पोंछने की,
पर ख़ून अभी तक रुका नहीं है
पूरे उफ़क़ पर फैल रहा है!!

दो परिन्दे...

टुकड़ा इक धूप का जिस खिड़की से आया था, उसी खिड़की
से वापस जाकर
काँच पे ठहर गया...
मुड़के फिर जायज़ा कमरे का लिया,
और आहिस्ता से जाकर,
लॉन में सहमे हुए एक परिन्दे की तरह बैठ गया

इक झपटे ही में, शाम उसको उठाकर
आम के पेड़ पे जा बैठी, उसे नोच दिया,
बाल-व-पर धूप के उस पेड़ से, देर तलक गिरते रहे!!

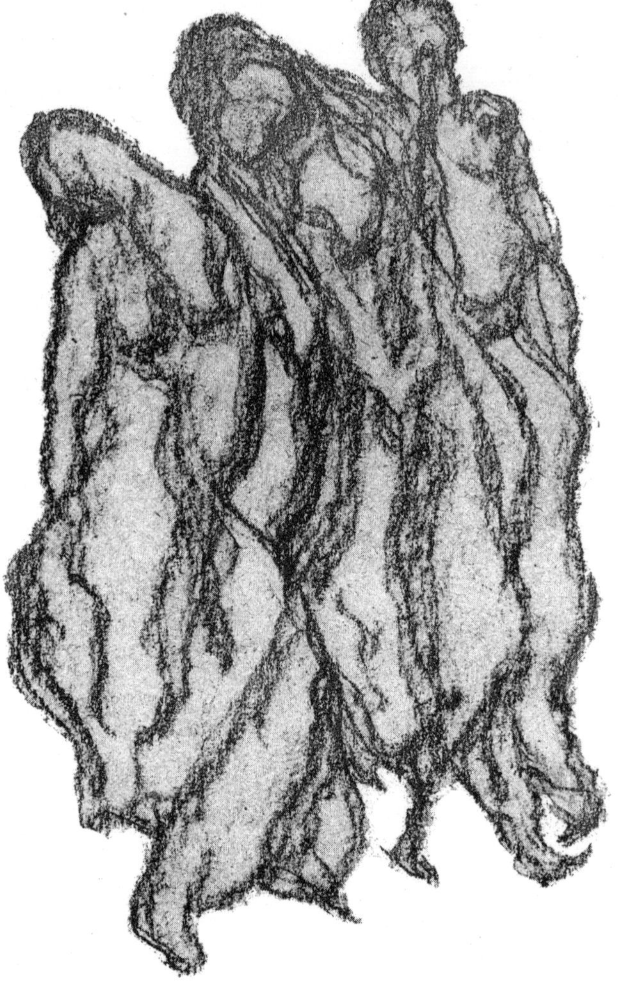

तेरे उतारे हुए दिन...

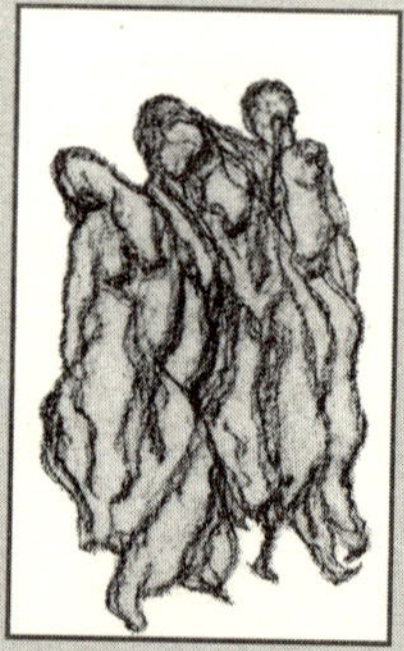

तेरे उतारे हुए दिन टँगे हैं लॉन में अब तक...

तेरे उतारे हुए दिन टँगे हैं लॉन में अब तक
न वो पुराने हुए हैं, न उनका रंग उतरा
कहीं से कोई भी सीवन अभी नहीं उधड़ी!

इलाईची के बहुत पास रक्खे पत्थर पर
ज़रा-सी जल्दी सरक आया करती है छाँव
ज़रा-सा और घना हो गया है वो पौदा
मैं थोड़ा-थोड़ा वो गमला हटाता रहता हूँ
फ़क़ीरा अब भी वहीं मेरी कॉफ़ी देता है!

गिलहरियों को बुला कर खिलाता हूँ बिस्किट
गिलहरियाँ मुझे शक की नज़र से देखती हैं
वो तेरे हाथों का मस जानती होंगी!

कभी-कभी जब उतरती है चील शाम की छत से
थकी-थकी सी ज़रा देर लॉन में रुककर
सफ़ेद और गुलाबी, 'मसुंडे' के पौदों में घुलने लगती है
कि जैसे बर्फ़ का टुकड़ा पिघलता जाए व्हिस्की में
मैं 'स्कार्फ़'* दिन का गले से उतार देता हूँ
तेरे उतारे हुए दिन पहनके अब भी मैं
तेरी महक में कई रोज़ काट देता हूँ!!

---

* Scarf

मुझे अफ़सोस है सोनां...

मुझे अफ़सोस है सोनां...
कि मेरी नज़्म से होकर गुज़रते वक़्त बारिश में,
        परेशानी हुई तुम को...
बड़े बे-वक़्त आते हैं यहाँ सावन,
मेरी नज़्मों की गलियाँ यूँ भी अक्सर भीगी रहती हैं।
कई गड्ढों में पानी जमा रहता है,
अगर पाँव पड़े तो मोच आ जाने का ख़तरा है।

मुझे अफ़सोस है लेकिन...
परेशानी हुई तुमको कि मेरी नज़्म में कुछ रौशनी कम है
गुज़रते वक़्त दहलीज़ों के पत्थर भी नहीं दिखते
कि मेरे पैरों के नाख़ून कितनी बार टूटे हैं...
हुई मुद्दत कि चौराहे पे अब बिजली का खम्बा भी नहीं जलता
परेशानी हुई तुम को...
मुझे अफ़सोस है सचमुच!!

मैं फ़िक़रे काटता पहले हूँ...

मैं फ़िक़रे काटता पहले हूँ, फिर लिखता हूँ ख़त उसको
मुझे डर है...
कहीं मैं भी समझ जाऊँ न मतलब अपने फ़िक़रों का
मेरी कैफ़ियतें दिल की
कहीं मुझ पर न खुल जाएँ...!

मुझे डर ये नहीं कि मैं भुला पाया नहीं उसको
मुझे डर ये है वो मुझको हमेशा याद रखती है!

वक़्त को जितना गूँध सके हम...

वक़्त को जितना गूँध सके हम, गूँध लिया!
आटे की मिक़दार कभी बढ़ भी जाती है
भूख मगर इक हद से आगे बढ़ती नहीं
पेट के मारों की ऐसी ही आदत है...
भर जाए तो दस्तरख़्वान से उठ जाते हैं!

आओ, अब उठ जाएँ दोनों
कोई कचहरी का खूँटा दो इन्सानों को
दस्तरख़्वान पे कब तक बाँध के रख सकता है
क़ानूनी मोहरों से कब रुकते हैं, या कटते हैं रिश्ते
रिश्ते राशन-कार्ड नहीं हैं!!

मैं क़ैदी हूँ...

कई पिंजरों का क़ैदी हूँ...
कई पिंजरों में बस्ता हूँ
मुझे भाता है क़ैदें काटना,
    और अपनी मरज़ी से चुनाव करते रहना
    अपने पिंजरों का...
मीयादें तय नहीं करता मैं रिश्तों की
असीरी ढूँढ़ता हूँ मैं
असीरी अच्छी लगती है!!

सादा कैन्वस पे उभरते हुए मंज़र...

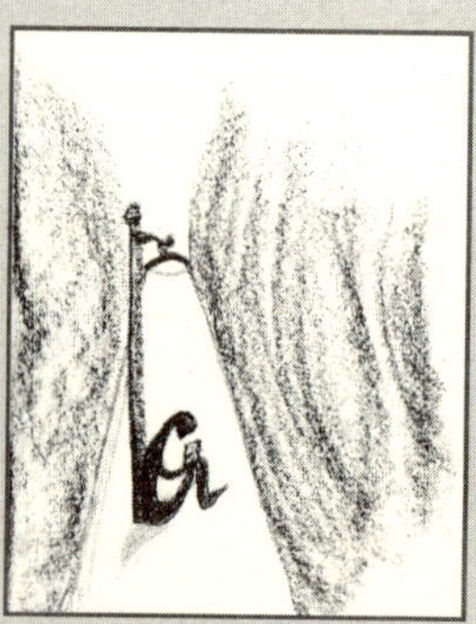

ट्रैफ़िक सिगनल...

होंट हिलते हैं भिकारी के, सुनाई नहीं देता
हाथ के लफ़्ज़ उछलते हैं, वो कुछ बोल रहा है,
थपथपाता है हर इक कार का शीशा आकर
और उजलत में है
ट्रैफ़िक के सिगनल पे नज़र है!

'चेंज'* है तो सही
कौन इस गर्मी में अब कार का शीशा खोले,
अगले सिगनल पे सही
रोज़ कुछ देना ज़रूरी है, ख़ुदा राज़ी रहे!

* Change.

पूरन सूरज ग्रहन...

कॉलेज के रोमांस में ऐसा होता था
डेस्क के पीछे बैठे-बैठे,
चुपके से दो हाथ सरकते
धीरे-धीरे पास आते...
और फिर एक, अचानक पूरा हाथ पकड़ लेता था,
मुट्ठी में भर लेता था।
सूरज ने यूँही पकड़ा है चाँद का हाथ फ़लक में आज!!

सन सेट

ज़रा-सी देर पहले ही
जो सूरज बस ग़ुरूब होने चला था
इक उड़ते प्लेन के पहियों के नीचे आते-आते बच गया था।

बिदक के हट गया था वो,
बहुत फिसलन थी और काई जमी थी बादलों की
पकड़ के आस्मां, कोशिश भी की उसने सँभलने की!

सँभल पाया नहीं वो गीले पैरों पर
गिरा और ग़ोते खाते-खाते पानी में
उफ़क़ के पार डूबा 'ग़प गुड़प गुबाश'
अभी तक आस्मां पर कुछ घिसटती उँगलियों के दाग़ बाक़ी हैं!

(''ग़प गुड़प गुबाश'' की आवाज़ बंगाली शायर 'सुकमार रे' की एक नज़्म से उधार ली है।)

इमेजिज़

सादा कैन्वेस पे उभरते हैं बहुत से मंज़र

एक सनसेट है, पके फल की तरह
पिलपिला रिसता, रसीला सूरज
चुस्कियाँ लेता हूँ हर शाम लबों पे रख कर
तुबके गिरते हैं मेरे कपड़ों पे आकर उसके...

एक इमली के घने पेड़ के नीचे,
स्कूल से भागा हुआ बोर सा बच्चा
जिस को टीचर नहीं अच्छे लगते
इक गिलहरी को पकड़के
अपनी तस्वीरें किताबों की दिखा कर ख़ुश है!

मेरे कैन्वेस ही के ऊपर से गुज़रती है सड़क इक
एक पहिया भी नज़र आता है टाँगे का मुझे
कटकटाता हुआ पहिये में सिरा चाबुक का...
घोड़े की नालों से उड़ती हुई चिंगारियों से
सादा कैन्वेस पे कई नुक़ते बिखरते हैं धुएँ के!

कोढ़ की मारी हुई बुढ़िया है इक गिरजे के बाहर
भीक का प्याला सजाए हुए, गल्ले की तरह
माँगती रहती है ख़ैरात 'खुदा नाम' पे सबसे!
जब दुआ होती है गिरजे में तो बाहर आकर
बैठ जाता है खुदा गल्ले पे, ये कहते हुए

आजकल मंदा है, इस नाम की बिक्री कम है!!
'कादियां' क़सूबे की पत्थर से बनी गलियों में
दुल्हनें "अलते" लगे पाँव से जब
काले पत्थर पे क़दम रखती हुई चलती हैं
हर क़दम आग के गुल-बूटे से बन जाते हैं!
देर तक चौखटों पे बैठे, कुँवारे लड़के
सेंकते रहते हैं आँखों के पपोटे उन से!

नीम का पेड़ है इक
नीम के नीचे कुआँ है
डोल टकराता हुआ उठता है जब गहरे कुएँ से
तो बुजुर्गों की तरह गहरा कुआँ बोलता है...!
ओउम् झपक छपक अना-उलहक़!
ओउम् झपक छपक अना-उलहक़!!

तास्सुरात (Impressions)

कभी-कभी लेम्प पोस्ट के नीचे कोई लड़का
दबाके पेंसिल को उँगलियों में
मुड़े-मुड़े काग़ज़ों को घुटनों पे रखके
लिखता हुआ नज़र आता है कहीं, तो...
ख़याल होता है, गौरकी है!
पजामे उचके ये लड़के जिनके घरों में बिजली नहीं लगी है
जो म्युिन्सपल्टी के पार्क में बैठ कर पढ़ा करते हैं किताबें
डिकनज़* (Dickens) के, और हार्डी* (Hardy) के
नाविल से गिरे पड़े हैं...
या प्रेमचंद की कहानियों का वरक़ है कोई, चिपक गया है
समय पलटता नहीं वहाँ से
कहानी आगे बढ़ी नहीं है....

ये गर्मियाँ कितनी फीकी होती हैं, बे-स्वादी!
हथेली पर लेके दिन की फक्की
मैं फाँक लेता हूँ... और निगलता हूँ रात के ठंडे घूँट पी कर
ये सूखा सत्तू हलक़ से नीचे नहीं उतरता!

ये ख़ुश्क दिन एक गर्मियों का
हब्स भरी रात गर्मियों की!

बड़ी तरक़्क़ी हुई है कि, ख़ोमचे वाला अब टेप
भरके दिन भर चिल्लाता रहता है बेटरी पर

---

* Charles Dickens
* Thomas Hardy

"गले की गोली, मज़े की गोली, हकीमी चूरन, मलठी चूरन!"

नसें फुला के,
गले से चिल्लाने की ज़रूरत नहीं रही अब...!

जो उसपे था, वो यक़ीं मगर टेप पर नहीं है!

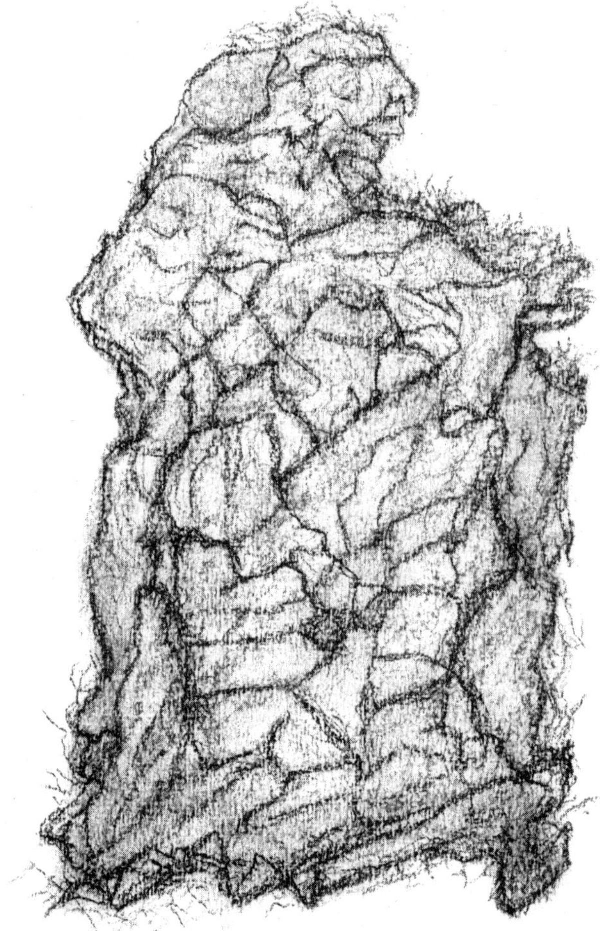

वादी को नज़ला रहता है...

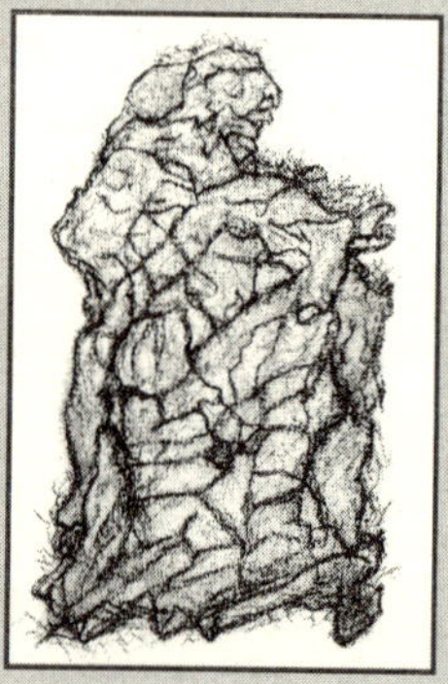

दरया-ए-व्यास जहाँ बहता है...

दरया-ए-व्यास जहाँ बहता है
उससे थोड़ी दूर पर,
आलती-पालती मारे बैठा,
सूखा गंजा एक पहाड़...
दिन में कितने सारे रूप बदलता है!

सुबह सात या आठ बजे,
सूरज की इक परछाईं, कुछ यूँ पड़ती है आकर उसके माथे पर,
जैसे एक तिलकधारी साधू है, जो पद्म-आसन में, ध्यान लगाए बैठा है,
नीचे की तरफ़ चट्टान का ख़म,
ठुड्डी के बीचों-बीच पड़ा, हड्डी का दबाव लगता है।

कभी-कभी 'सेलर'* लगता है,
बदली का मफ़लर पहने,
''डेक''* पर आकर ग़ौर से देख रहा है कितनी दूर उफ़क़ है
ऊपर के दोनों पत्थर उस धूप में ''गॉगल्ज़''* लगते हैं!

धूप ढले फिर यूँ लगता है,
''बुलडॉग''* कोई नथनों को फुलाए बैठा है,
चौकन्ना है...

---

* Sailor * Deck
* Goggles * Bull Dog

दरिया ने अगर बस्ती की तरफ़ कुछ रेंगने की कोशिश की तो,
गुर्राकर उस पर झपटेगा!
पन्द्रह-बीस घरों की एक पहाड़ी बस्ती के सिरहाने,
आलती-पालती मारे बैठा,
सूखा गंजा एक पहाड़
दिन में कितने सारे रूप बदलता है!!

अच्छे लगते हैं ये पहाड़ मुझे...

अच्छे लगते हैं ये पहाड़ मुझे,
चोटियाँ बादलों में उड़ती हैं
पाँव बर्फ़ाब बहते पानी में,
कूटते रहते हैं नदियाँ
कितनी संजीदगी से जीते हैं
किस क़दर मुस्तक़िल मिज़ाज हैं ये
अच्छे लगते हैं ये पहाड़ मुझे!!

रहतंग के नीचे...!

रहतंग के नीचे,
कोहरे में लिपटी सिमटी इक वादी को,
सारा साल ही नज़ला रहता है।

बर्फ़ पड़े तो जम जाता है
धूप पड़े तो फिर से बहने लगता है
सारा साल मगर उस को हल्का-सा रेशा रहता है।

पतझड़ में भी छींकों की इक झड़ी लगी ही रहती है
छींटे उड़ते रहते हैं,
सुड़क-सुड़क करती रहती है,
सारा साल ही इस वादी को
नज़ला रहता है!!

रात पहाड़ों पर कुछ और ही होती है...

रात पहाड़ों पर कुछ और ही होती है
आस्मान बुझता ही नहीं,
और दरिया रौशन रहता है
इतना ज़री का काम नज़र आता है फ़लक पे तारों का
जैसे रात में 'प्लेन' से रौशन शहर दिखाई देते हैं!

पास ही दरिया आँख पे काली पट्टी बाँध के
पेड़ों के झुरमुट में
कोड़ा जमाल शाही, "आई जुमेरात आई.... पीछे देखे शामत आई..."
दौड़-दौड़ के खेलता है!

कंघी रखके दाँतों में
आवाज़ किया करती है हवा
कुछ फटी-फटी... झीनी-झीनी...
बालिग़ होते लड़कों की तरह!

इतना ऊँचा-ऊँचा बोलते हैं दो झरने आपस में
जैसे एक देहात के दोस्त अचानक मिलकर वादी में
गाँव भर का पूछते हों...
नज़्म भी आधी आँखें खोल के सोती है
रात पहाड़ों पर कुछ और ही होती है!!

जब भी उतरोगे तुम पहाड़ों से...

जब भी उतरोगे तुम पहाड़ों से
नीचे बहते ब्यास के कंडे
एक पत्थर मिलेगा पानी में
जी करे तो उठाके रख लेना
टूटकर मैं गिरा था चोटी से!

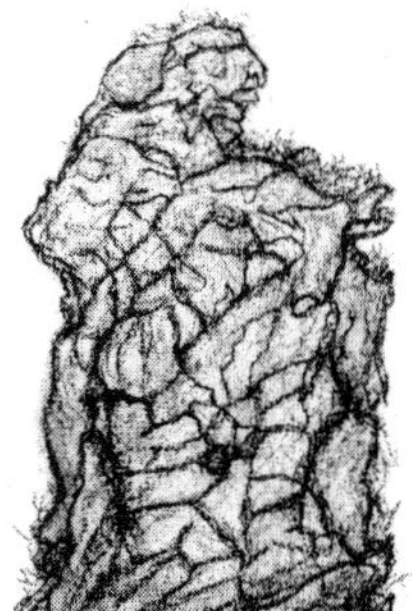

शह्र ये बुज़ुर्ग लगता है...

मद्रास (चेन्नई)*

शहर ये बुज़ुर्ग लगता है
फैलने लगा है अब
जैसे बूढ़े लोगों का पेट बढ़ने लगता है
ज़ुबां के ज़ायक़े वही
लिबास के सलीक़े भी,
पतली-पतली गालियाँ धीरे-धीरे चलती रहती हैं
और रगों में ख़ून बहता रहता है
खुश्की बढ़ गई है जिस्म पर, 'कवेरी' सूखी रहती है
शाम को भी जल्दी नींद आने लगती है इसे
बूढ़ा तो नहीं मगर...
शहर ये बुज़ुर्ग लगता है!

* Now Chennai

बम्बई (मुम्बई)

बड़ी लम्बी-सी मछली की तरह लेटी हुई पानी में ये नगरी
कि सर पानी में और पाँव ज़मीं पर हैं
समन्दर छोड़ती है, न समन्दर में उतरती है
ये नगरी बम्बई की...
जुराबें लम्बे-लम्बे साहिलों की, पिंडलियों तक खैंच रक्खी हैं
समन्दर खेलता रहता है पैरों से लिपट कर
हमेशा छींकता है, शाम होती है तो 'टाईड'* में।

यहीं देखा है साहिल पर
समन्दर, ओक में भर के
"जोशान्दे" की तरह हर रोज़ पी जाता है सूरज को
बड़ा तंदुरुस्त रहता है
कभी दुबला नहीं होता!
कभी लगता है ये कोई तिलिस्मी-सा जज़ीरा है
जज़ीरा बम्बई का...

किसी गिरगिट की चमड़ी से बना है आसमां इसका
जो वादों की तरह रंगत बदलता है
'कसीनो'* में रखे 'रोलेट'* की सूरत चलता रहता है!
कभी इस शहर की गर्दिश नहीं रुकती
इसे 'ब्येरिंग'* लगे हैं
किसी 'एक्सेल'* पे रक्खा है!
तिलिस्मी शहर के मंज़र अजब हैं
अकेले रात को निकलो, सिया साटिन की सड़कों पर

---

* High Tide * Calino * Roulette
* Bearing * Axle

तिलिस्मी चेहरे ऊपर जगमगाते 'होर्डिंग'* पर झूलते हैं
सितारे झाँकते हैं, नीचे सड़कों पर
वहाँ चढ़ने के ज़ीने ढूँढ़ने पड़ते हैं
पातालों में गुम होकर।

यहाँ जीना भी जादू है...
यहाँ पर ख़्वाब भी टाँगों पे चलते हैं,
उमंगें फूटती हैं, जिस तरह पानी में रक्खे मूँग के दाने
चट्ख़ते हैं तो जिबें उगने लगती हैं।
यहाँ दिल ख़र्च हो जाते हैं अक्सर... कुछ नहीं बचता
सभी चाटे हुए पत्तल हवा में उड़ते रहते हैं

समन्दर रात को जब आँख बंद करता है, ये नगरी
पहन कर सारे ज़ेवर आस्माँ पर अक्स अपना देखा करती है

कभी 'सिंदबाद' भी आया तो होगा इस जज़ीरे पर,
ये आधी पानी और आधी ज़मीं पर, ज़िन्दा मछली
देख कर, हैरां हुआ होगा!!

* Hoarding

न्यूयॉर्क

तुम्हारे शहर में ऐ दोस्त क्योंकर च्यूंटियों के घर नहीं हैं
कहीं भी च्यूंटियाँ देखी नहीं मैंने
अगरचे फ़र्श पर चीनी भी डाली,
    पर कोई च्यूंटी नहीं आई
हमारे गाँव के घर में तो आटा डालते हैं, गर
    क़तारें उनकी नज़र आए!

तुम्हारे शहर में गरचे....
    बहुत सब्ज़ा है, कितने ख़ूबसूरत पेड़ हैं
    पौदे हैं, फूलों से भरे हैं
कोई भँवरा मगर देखा नहीं भँवराए उन पर
तुम्हारे हाँ तो दीवारों में सीलन भी नहीं है
दरारें ही नहीं पड़तीं!
हमारे यहाँ तो दस दिन के लिए परनाला गिरता है,
    तो उस दीवार से पीपल की डाली (कोंपल) फूट पड़ती है!

ग़रीबी की मुझे आदत पड़ी है, या मैं तुम पर रश्क करता हूँ...
तुम्हारे शहर की नक़लें हमारे हाँ महानगरों में होने लग गई हैं
मगर कमबख़्त आबादी बड़ी बरसाती होती है।

यहाँ न्यूयॉर्क में कीड़े-मकोड़ों की कभी नस्लें नहीं बढ़तीं
सड़क पर गर्द भी उड़ती नहीं देखी—

मेरा गाँव बड़ा पिछड़ा हुआ है
मेरे आँगन के बरगद पर
सुबह कितनी तरह के पंछी आते हैं
वो नालायक, वहीं खाते हैं दाना, और वहीं पर बीट
करते हैं!

तुम्हारे शहर में कुछ रोज़ रह लूँ तो–
तो अपना गाँव हिन्दुस्तान मुझको याद आता है!

दिल्ली की दोपहर...

सन्नाटों में लिपटी वो दोपहर कहाँ अब
धूप में आधी रात का सन्नाटा रहता था

लू से झुलसी दिल्ली की दोपहर में अक्सर...
'चार पई' बुनने वाला जब,
घंटा घर वाले नुक्कड़ से, कान पे रख के हाथ, इक हाँक लगाता था
"चार... पई... बनवा लो...!"
ख़स-ख़स की टटियों में सोए लोग अन्दाज़ा कर लेते थे... डेढ़ बजा है!

दो बजते-बजते जामुनवाला गुज़रेगा
"जामुन... ठंडे... काले... जामुन..."
टोकरी में बड़ के पत्तों पर पानी छिड़क के रखता था
बंद कमरों में...
बच्चे कानी आँख से लेटे-लेटे माँ को देखते थे,
    वो करवट लेकर सो जाती थी

तीन बजे तक लू का सन्नाटा रहता था
चार बजे तक "लंगरी सोटा" पीसने लगता था ठंडाई
चार बजे के आस-पास ही हापड़ के पापड़ आते थे
"लो... हापड़... के... पापड़..."
लू की कन्नी टूटने पर छिड़काव होता था
आँगन और दुकानों पर!

बर्फ़ की सिल पर सजने लगती थीं गंडेरियाँ
केवड़ा छिड़का जाता था
और छतों पर बिस्तर लग जाते थे जब
ठंडे-ठंडे आसमान पर
तारे छिटकने लगते थे!

कलकत्ता (कोलकाता)

कभी देखा है बिल्डिंग में, किसी सीढ़ी के नीचे,
जहाँ मीटर लगे रहते हैं बिजली के
पुराने ज़ंग आलूदा...
खुले ढक्कन के नीचे पान खाए मैले दाँतों की तरह
　　कुछ फ़्यूज वाली प्लेट्स* रक्खी हैं।
पुराने पेच, मेख़ें जो निकाली थीं, वहीं रक्खी हैं कोने में
कई रंगों की तारों के सिरे जोड़े हुए सीढ़ी के नीचे,
　　ठोककर कीलें,
कई धागों से बाँधे होल्डर पर बल्ब नंगा झूलता है
　　बेहया बदमाश लड़के की तरह जो
　　खिलखिला के हँसता रहता है!

बहुत कटती हैं तारें, फ़्यूज उड़ते हैं
मगर बत्ती हमेशा जलती रहती है
ये कलकत्ता है कलकत्ता!
बटरसूरत हमेशा ज़िन्दा रहता है!!

---

* Fuse Plates

ये मुश्ते ख़ाक छोड़ भी...

ख़ाली पड़ा है ये मकान, मुद्दतें हुईं...

ख़ाली पड़ा है ये मकान, मुद्दतें हुईं
ऊपर खुला दरीचा है, जिस से कभी-कभी
कुछ धूप आया करती है, फिर लौट जाती है!

बाहर से आते-जाते हवा भी कभी कभी
दरवाज़ा खटखटा के इन्तज़ार करती है...
अब घर में कोई हो तो उठे, कुंडी खोल दे!

हाँ बारिशों में जब कभी बादल गरजते हैं
इक टॉरच* जलती-बुझती है, ऊपर दरीचे में
लगता है कोई झाँक रहा है मकान में!

बूढ़े से एक अब्र की आवाज़ आती है
"ये मुश्ते-ख़ाक, छोड़ भी, कब तक सँभालेगा?
बाहर इक आसमान तुझे लेने आया है!"

---

* Torch

नाव में बहते-बहते...

नाव में बहते-बहते इक नज़्म मेरी पानी में गिरी
      और गलने लगी
काग़ज का पैराहन था,
मेरी तहरीर न थाम सका!

सियाही फैल गई पहले,
फिर लफ़्ज़ गले, और एक-एक करके डूब गए,
टूटते मिसरों की हिचकी, कुछ दूर सुनाई दी और फिर...
बाक़ी मान्दा...
कुछ मानी थे,
कुछ देर किसी तलूछट की तरह,
पानी की सतह पर तैरे और फिर बहते-बहते,
      आँख से ओझल होते गए!

Hallucination...

एक रोज़ आग तापने वो आया और अलाव के
    क़रीब बैठकर
आग तापने लगा!
पीठ थी मेरी तरफ़...
बर्फ़ गिर रही थी दूर-दूर तक पहाड़ों पर
सफ़ेद होती जा रही थी ये ज़मीन
जैसे ख़ून ख़ुश्क होता जा रहा था चेहरे का!

लम्बे-लम्बे बाल उसके उड़ रहे थे कन्धों पर
उसकी दोनों बालियाँ चमक रही थीं कानों में
हाला चाँद का लटक रहा था आसमान से
आग पर झुलस रहे थे उसके हाथ
हवा उड़ा रही थी झंडियाँ सुनहरी आग की
वो जल रहा था गोद में अलाव को लिये हुए!!

सुबह जब उठा रहा था राख मैं
रात के अलाव की—
उसकी दोनों बालियाँ
मिलीं मुझे!

पहाड़ के उस तरफ़ था दरिया...

पहाड़ के उस तरफ़ था दरिया
मैं इस तरफ़ अपनी कश्ती तैयार कर रहा था
मैं बाँधकर गठरियाँ दिनों की
कनस्तरों में ज़रूरतें शब की भरके सब जम'आ कर रहा था
अनाज भी था, चराग़ भी थे, लिबास भी, ओढ़ने-बिछोने के सारे सामां।

खजूर के पात छील कर मैं
चटाई की छाज डालकर छत बना रहा था
सफ़र पे निकलूँगा जब, तो छाँव ज़रूरी होगी!
दरख़्तों से बाँध-बाँध कर कश्ती खैंचता था
पहाड़ पे चढ़के... सोचता था
मैं उस तरफ़ की ढलान पे डाल दूँगा कश्ती।

जहाँ-जहाँ मौसमों ने मारे थे अपने पंजे
वहाँ-वहाँ मोम भर के रौग़न लगा रहा था
हवाओं के नाख़ूनों ने फाड़े थे बादबाँ, जो कभी खुले थे
नई-नई टाकियाँ लगा के मैं सी रहा था।

अजब हुआ एक रात लेकिन
लगा कि वो दरिया चढ़ रहा है
मैं दूर था अपनी कश्ती से और मेरे पतवार भी अभी
 पेड़ पर टँगे थे।
मैं डूबने वाला था कि दरिया ने आके मुझको उठा लिया और
पहाड़ के पार ले गया वो बहाके मुझको!
पहाड़ के उस तरफ़ था दरिया
पहाड़ के उस तरफ़ मैं दरिया पे बह रहा हूँ!!

मुझे मेरा जिस्म छोड़कर बह गया नदी में...

मुझे मेरा जिस्म छोड़कर बह गया नदी में!
अभी उसी दिन की बात है मैं नहाने उतरा था घाट पर जब
ठिठुर रहा था...
वो छू के पानी की सर्द तहज़ीब, डर गया था।

मैं सोचता था,
बग़ैर मेरे वो कैसे काटेगा तेज़ धारा
वो बहते पानी की बेरुख़ी जानता नहीं है
वो डूब जाएगा... सोचता था!

अब उस किनारे पहुँच के मुझको बुला रहा है
मैं इस किनारे पे डूबता जा रहा हूँ पैहम
मैं कैसे तैरूँ बग़ैर उसके!!

मुझे मेरा जिस्म छोड़कर बह गया नदी में!!

तारे जम्हाइयाँ लेते हैं...

ख़र्ची...

मुझे ख़र्ची में पूरा एक दिन, हर रोज़ मिलता है
मगर हर रोज़ कोई छीन लेता है, झपट लेता है, अंटी से!

कभी खीसे से गिर पड़ता है तो गिरने की आहट भी नहीं होती
खरे दिन को भी मैं खोटा समझ के भूल जाता हूँ...
गिरेबां से पकड़ के माँगने वाले भी मिलते हैं
''तेरे पुरखों का क़र्ज़ा है
तुझे क़िस्तें चुकानी हैं।''

ज़बर्दस्ती कोई गिरवी भी रख लेता है, यह कह कर—
''अभी दो चार लम्हे ख़र्च करने के लिए रख ले,
बक़ाया उम्र के खाते में लिख देते हैं
जब होगा, हिसाब होगा!''
बड़ी हसरत है पूरा एक दिन इक बार में अपने लिए रख लूँ
तुम्हारे साथ पूरा एक दिन बस ख़र्च करने की तमन्ना है!!

तुम गए तो और कुछ नहीं हुआ...

तुम गए तो और कुछ नहीं हुआ
दिल पे ऐतमाद घट गया मेरा
मैं जो दिल के पीछे, उसके नक़शे-पा पे
      पाँव रखके चलता था।
चलते-चलते देखा तो निशान ख़त्म हो गए
तुम गए तो और कुछ नहीं हुआ
दिल से एतबार उठ गया मेरा!!

धूप लगे आकाश पे जब...

धूप लगे आकाश पे जब
दिन में चाँद नज़र आया था
डाक से आया मुहर लगा
एक पुराना-सा तेरा, चिट्ठी का लिफ़ाफ़ा याद आया
चिट्ठी गुम हुए तो अरसा बीत चुका,
मुहर लगा, बस मटियाला-सा,
उसका लिफ़ाफ़ा रक्खा है!

सब कुछ वैसे ही चलता है...

सब कुछ वैसे ही चलता है
जैसे चलता था जब तुम थीं
रात भी वैसे ही सर मूँदे आती है
दिन वैसे ही आँखें मलता जागता है
तारे सारी रात जमाईयाँ लेते हैं
सब कुछ वैसे ही चलता है, जैसे चलता था जब तुम थीं।

काश तुम्हारे जाने पर,
कुछ फ़र्क़ तो पड़ता जीने में
प्यास न लगती पानी की या, नाख़ून बढ़ना बंद हो जाते
बाल हवा में न उड़ते या धुआँ निकलता साँसों से
सब कुछ वैसे ही चलता है...

बस इतना फ़र्क़ पड़ा है मेरी रातों में
नींद नहीं आती तो अब सोने के लिए
इक नींद की गोली रोज़ निगलनी पड़ती है!

ये कैसे रुक़'ये से लिख रही हैं निगाहें तेरी...

ये कैसे रुक़'ये से लिख रही हैं निगाहें तेरी...
मैं लॉन पर बिखरे-बिखरे पुरज़े पकड़ रहा हूँ
कभी-कभी मुस्कराहटों की थमी-थमी गुफ़्तगू के वक़्फ़ों में
एक बौछार-सी छलकती है जुगनुओं की,

दिखाई देती हैं मुझ को तेरी हँसी की किरनें,
ये कैसा सूरज है जो तेरी आँख से तुलू हो रहा है शब में
ये कैसे रुक़'ये से लिख रही हैं निगाहें तेरी...!

पेड़ों की पोशाकें छोड़ के...

ख़ूमानी, अख़रोट...

ख़ूमानी, अख़रोट बहुत दिन पास रहे थे
दोनों के जब अक्स पड़ा करते थे बहते दरिया में,
पेड़ों की पोशाकें छोड़ के,
नंग-धड़ंग दोनों दिन भर पानी में तैरा करते थे
कभी-कभी तो पार का छोर भी छू आते थे।

ख़ूमानी मोटी थी और अख़रोट का क़द कुछ ऊँचा था
भँवर कोई पीछे पड़ जाए, तो पत्थर की आड़ से होकर,
अख़रोट का हाथ पकड़ के वापस भाग आती थी।

अख़रोट बहुत समझाता था—
"देख ख़ुमानी! भँवर के चक्कर में मत पड़ना,
पाँव तले की मिट्टी खैंच लिया करता है।"

इक शाम बहुत पानी आया तुग़यानी का,
और एक भँवर
ख़ूमानी को पाँव से उठा कर, तुग़यानी में कूद गया।

अख़रोट अब भी उस जानिब देखा करता है, जिस जानिब दरिया
बहता है।
अख़रोट का क़द कुछ सहम गया है
उसका अक्स नहीं पड़ता अब पानी में!

पीपल...

कितना कूड़ा करता है पीपल आँगन में
माँ को दिन में दो-दो बार बोहारी फेरनी पड़ती है

कैसे-कैसे दोस्त-यार आते हैं इसके
खाने को ये पीपलियाँ देता है
सारा दिन शाख़ों पे बैठे तोते, घुग्घु
आधा खाते, आधा ज़ाया करते हैं
गिटक-विटक सब आँगन ही में फेंक के जाते हैं

एक डाल पर, चिड़ियों ने भी घर बाँधे हैं
तिनके उड़ते रहते हैं दिन भर आँगन में
एक गिलहरी भोर से लेकर साँझ तलक,
जाने क्या उजलत रहती है—
दौड़-दौड़ कर दसियों बार ही सारी शाख़ें घूम आती है,
चील कभी ऊपर की डारी पर बैठी, बौराई-सी,
अपने आप से बातें करती रहती है

आस-पड़ोस से झपटी, लूटी, हड्डी मांस की बोटी भी
कमबख़्त ये कव्वे
पीपल ही की डाल पे बैठ के खाते हैं
हुश-हुश करती है माँ तो ये मांसख़ोर सब
काँय काँय उस पर फेंक के उड़ जाते हैं
फिर भी जाने क्यूँ माँ कहती है : "ओ कागा...
मेरे श्राद्ध पे आयो तू! अवश्य आयो!"

इमली...

कोसबाद के नुक्कड़ पर
इक मुस्टंडा पेड़ खड़ा है, इमली का
उसका ग़ुस्सा नहीं उतरता।
अदरक जैसी मोटी-मोटी गिरहें पड़ी हैं जोड़ों में
सारा दिन खुजलाता है, एक्ज़ीमा है।

जिस मोड़ पे है, उस मोड़ पे जब बस रुकती है
जल्दी जल्दी, बीड़ी बुझा कर उसके बदन पर,
लोग बसों में चढ़ जाते हैं
पान की पीक भी थूक दिया करते हैं उस पर
चक्कू से काटे हैं लोगों ने उसकी शाख़ों के डंठल
खड़े-खड़े बस यूँही उस पर ढेले फेंका करते हैं
इसीलिए तो उसका गुस्सा नहीं उतरता!

भूरे लाल मकोड़ों को
ज़िंदा ही निगल जाता है अक्सर
बाँह झटक के नीचे फेंक दिया करता है
'अड्डी टप्पा' खेलती गोल गिलहरी को
च्युंटियाँ पाल रखी हैं उसने
टेक लगाए कोई, या कोई जूता झाड़े उस पर तो...
च्युंटियाँ छोड़ दिया करता है!

उसका गुस्सा नहीं उतरता
कोसबाद के नुक्कड़ पर
इक मुस्टंडा पेड़ खड़ा है, इमली का!!

हमें पेड़ों की पोशाकों से इतनी सी ख़बर तो मिल ही जाती है...

हमें पेड़ों की पोशाकों से इतनी सी ख़बर तो मिल ही जाती है
बदलने वाला है मौसम...!
नये आवेज़े कानों में लटकते देखकर कोयल ख़बर देती है
बारी आम की आई...!

कि बस अब मौसम-ए-गर्मा शुरू होगा
सभी पत्ते गिराके गुलमोहर जब नंगा हो जाता है गर्मी में
तो ज़र्द-ओ-सुर्ख़, सब्ज़े पर छपी, पोशाक की तैयारी करता है
पता चलता है कि बादल की आमद है...!

पहाड़ों से पिघलती बर्फ़ बहती है धुलाने पैर 'पाइन'* के
हवाएँ झाड़ के पत्ते उन्हें चमकाने लगती हैं

मगर जब रेंगने लगती है इंसानों की बस्ती
हरी पगडंडियों के पाँव जब बाहर निकलते हैं
समझ जाते हैं सारे पेड़, अब कटने की बारी आ रही है
यही बस आख़िरी मौसम है जीने का, इसे जी लो!

---

* Pine Tree

ख़िज़ाँ झाड़न लिये पत्ते गिराती फिर रही है क्यों दरख़्तों से...

ख़िजाँ झाड़न लिये पत्ते गिराती फिर रही है क्यों दरख़्तों से
ख़िज़ाँ को क्या हुआ है?
वो बौराई हुई फिरती है जैसे पीले पत्तों पर लिखी कोई इबारत है,
मिटाना चाहती है...!
उसे डर है
बहार आई तो पढ़ लेगी इबारत
मौसमों की बे–सबाती की
कोई मौसम हमेशा के लिए रहता नहीं है!!

लम्हों पर बैठी नज़्मों को...

लम्हों पर बैठी नज़्मों को...

लम्हों पर बैठी नज़मों को
तितली जाल में बन्द कर लेना
फिर, काट के पर उन नज़मों को
अल्बम* में 'पिन'* करते रहना
ज़ुल्म नहीं तो और क्या है?

लम्हे काग़ज़ पर गिर के मिमियाए जाते हैं
नज़मों के रंग रह जाते हैं पोरों पर!!

* Album
* Pin

वो जो 'पब'* है...

लहसुन की, और तम्बाकू की बू से भरा
नीची छत वाला जो 'पब' है
और जहाँ मौसीक़ी नंगी घूम रही है
उधड़ी-उधड़ी रौशनी, एड़ी पाँव पटख़ के
नाच रही है!
कच्चे मसाले, प्याज़ पसीना, और धुएँ की
लटकी-लटकी लपटों में...
ठंडे-से संगे मरमर की इक मैली मेज़ पे बैठा शायर
लहू में लुथड़ी "ऑवल नाड़" को काट रहा था
अभी-अभी इक नज़्म का जन्म हुआ है शायद!!

---

* Pub

काग़ज़ पर गिरते ही फूटे लफ़्ज़ कई...

काग़ज़ पर गिरते ही फूटे लफ़्ज़ कई
कुछ धुआँ उठा... चिंगारियाँ कुछ
इक नज़म में फिर से आग लगी!

जलते शहर में बैठा शायर
इससे ज़यादा करे भी क्या?
लफ़्ज़ों से आग नहीं बुझती,
नज़मों से ज़ख़्म नहीं भरते!

इक नज़्म का मिसरा कसते हुए...

इक नज़्म का मिसरा कसते हुए
अल्फ़ाज़ के जंगल में घुसकर
मख़्सूस कोई मा'नी जब तोड़के लाता हूँ
हाथों पे ख़राशें पड़ती हैं
और उँगलियाँ छिल जाती हैं मगर
वो लफ़्ज़ जुबां पे रखते ही
मुँह में इक रस घुल जाता है!

टुकड़ा-टुकड़ा ले गए छाँव...

लैंडस्केप...

कोई मेला लगा है पर्बत पर
सब्ज़ाज़ारों पे चढ़ रहे हैं लोग
टोलियाँ कुछ रुकी हुई ढलानों पर
दाग़ लगते हैं इक पके फल पर
दूर सीवन उधेड़ती, चढ़ती,
एक पगडंडी बढ़ रही है सब्ज़े पर!

च्युंटियाँ लग गई हैं इस पहाड़ी को
सब्ज़ अमरूद सड़ रहा है कोई!

सरदार डेम

तीन पहाड़ों बीच बनी इस वादी में
बंध बनेगा!
डेम* बनेगा!

सर पर लो, और चलो उठालो, छाबा ख़ोंचा इस गाँव का
रिश्ते-नाते, आस-पड़ोस, अब सब रेहड़ी पर रक्खो और लुढ़काओ
    उनको
झल्ली में डालो मिट्टी पिछली पुश्तों की, और माज़ी कन्धे पे रखलो
जेब में भरलो क़ब्रें अपनी
रीत-रिवाज और कल्चर-वल्चर, गर्दन में लटका के उठो
कमर पे बाँधो नंगे बच्चे...
पीपल-तुलसी, मढ़ी-वढ़ी, दरगाहें, मीठे कुएँ, चलो सब औंधे कर दो
कूच करो अब!

तीन पहाड़ों में से रेंगता, बल खाता जो सदियों से बहता आया है
कुण्डली मार के बैठेगा वो दरिया अब इस वादी में!

---

* Dam

सामने वाली उस पहाड़ी पर...

सामने वाली उस पहाड़ी पर,
वो जो भूरी चट्टान दिखती है
एक तंदुरुस्त पेड़ का साया,
सुबह की धूप में आकर,
हाथ-पाँव पसार के हर रोज़
देर तक लेटा रहता था...
 काट के पेड़ ले गए कुछ लोग
 और साया पड़ा सिसकता रहा।

जहाँ-जहाँ चलाया था आरा,
जहाँ-जहाँ लगी थी कुल्हाड़ी,
उसके ज़ख़्मों से खून बहता रहा।

अब भी भूरी चटान पर ख़ूं के
काले-काले से दाग़ मिलते हैं!

नौ साला फ़राज़ का कहना है...

बड़ा होने लगा था, फिर ख़याल आया
कि रुक जाऊँ...
जो पानी पी रहा हूँ मैं, वो गँदला है
हवा भी बासी लगती है...!
सड़क पे छाँव रहती थी
उसे भी टुकड़ा-टुकड़ा काट के सब ले गए कब के!
मैं घर आया तो टी. वी. में धुआँ देखा
कहीं पे ट्रेन जलती थी
किसी ने बस जला दी थी
घरों को जलते-गिरते देखकर घर से निकल आया।

अगर आधी सदी से, आप ही कहिए
यही सब चल रहा है तो
इसी में आपका बचपन गया होगा
इसी में मैं बड़ा होऊँगा
तो फिर कितना ज़रूरी है बड़ा होना?

नंग-धड़ंग ज़मीं पर लेटे-लेटे मैंने...

नंग-धड़ंग ज़मीं पर लेटे-लेटे मैंने
कितनी बार सुना है इस मिट्टी के नीचे,
कुछ आवाज़ें रेंग रही हैं!

कान लगाकर, दरियाओं के छुप जाने की चाप सुनी है,
छोटे-छोटे बीजों के फटने से अन्दर...
पेड़ों के गिरने की-सी भारी आवाज़ें गूँजती हैं
औलादों को घर के बाहर जाने से कोई रोक रहा है
ऊपर मत जाना कि...
लोग ज़मीं के कपड़े, लत्ते, ज़ेवर, नोचकर बेच रहे हैं,
ज़मीं की दुल्हन लूट रहे हैं।
चीर-हरण का दौर चला है!!

पोर्ट्रेट : किसी बादल ने चेहरा ढाँप रक्खा है...

टैगोर

एक देहाती सर पे गुड़ की भेली बाँधे,
लम्बे-चौड़े इक मैदां से गुज़र रहा था
गुड़ की ख़ुशबू सुनके भिन-भिन करती
इक छतरी सर पे मँडलाती थी
धूप चढ़ती और सूरज की गर्मी पहुँची तो
गुड़ की भेली बहने लगी

मासूम देहाती हैरां था
माथे से मीठे-मीठे क़तरे गिरते थे
और वो जीभ से चाट रहा था!

मैं देहाती...
मेरे सर पर ये टैगोर की कविता की भेली किसने रख दी!

मोने पोड़! जिवनान्दास!

मैं आधी नींद में था उसने जब आवाज़ दी थी
वो शायद कूद के उतरा था चलती ट्राम से और...
    और झील के पानी में पाँव जा पड़ा था
झील के पानी से राजहंस अपने दोनों
पंख खोले, शायें-शायें उड़ गया था!
'शुनाली' धूप की महकार पंखों से गिराके
चील अपने आशियां में लौट आई!

मैं आधी नींद में हूँ...
धुआँ है, झटपटा है शाम का, जाड़ों का कोहरा,
    और उसमें ट्राम की दो पटरियाँ हैं
पटरियों में ख़ूं चमकता है
कोई दो पटरियों के बीच पढ़ता आ रहा है नज़म बंगला में
"हजार बिछोर धोरे आमी पोथ हेयंटी ते छी, प्रथवीर पोथे..."
किसी बादल ने चेहरा ढाँप रक्खा है
नज़र आती हैं लेकिन दो सियाह आँखें
"मोने पोड़े नाटोरेर बन लता सेन...!"

आम आदमी

तलाश है एक गुमशुदा की
पचास-पचपन की उम्र होगी
उड़ा-उड़ा रंग ज़र्दी माइल
उदास आँखें हैं, ख़ुश्क रहती हैं बेशतर वो
बहुत से तिल हैं बदन पे जैसे सिलायों से सिला गया हो
भवें कई बार आग में जल चुकी हैं उसकी
उठाए रखता था आतिशे-ख़्वाब अपनी पलकों पे वो हमेशा
मेरा पड़ोसी था, हमसफ़र था...

वो आधे रस्ते तलक मेरे साथ-साथ ही था
फिर उसका क़द धीरे-धीरे कम होने लग गया था
वो दूर तक जो उफ़क़ आते थे वो धुँधलाने लग गए थे
नज़र से उम्मीद की चमक भी उतर रही थी
दिलासे देकर—

कभी-कभी उसको कन्धों पर लेके भी चला पर
वो अपने पैरों पे चलने की ज़िद न छोड़ता था

कलाई मेरी गिरफ़्त से छूट गई है उसकी
वो शहर के इस हुजूम में गुम हो गया है
तलाश है आम आदमी की
तलाश है मुझको गुमशुदा की!!

अरचिन (Uchin)

साबुन से मल के तो देखो
शायद कोई शक्ल निकल आए इस राह के पत्थर की...
तोड़ के देखो, शायद चिंगारी ही निकले
ठुड्डे मारते हैं जब लोग उछल कर दूर लुढ़क जाता है।

कभी-कभी बर्दाश्त न हो तो...
मांस का टुकड़ा नोच भी लेता है, फिर जो भी सामने हो
वरना इस फुटपाथ, किनारे घुटनों में सर देके बैठा रहता है
बेहिस, बेपरवाह, ये काला धूप का झुलसा नंगा लड़का!!

* बाबा...

जब चिराग़ बुझता है
इक धुआँ-सा उठता है
आफ़ताब शाम को
जब गुरूब होता है
टीन का फ़लक भी तो
देर तक सुलगता है
पत्ते टूटते हैं तो
थोड़ी दूर उड़ते हैं

तुमने जाते वक़्त क्यों
मुड़के देखा भी नहीं
साँस रोकी और तुम
मिट्टी ओढ़ सो गए!

□□□

* अहमद नदीम क़ासमी

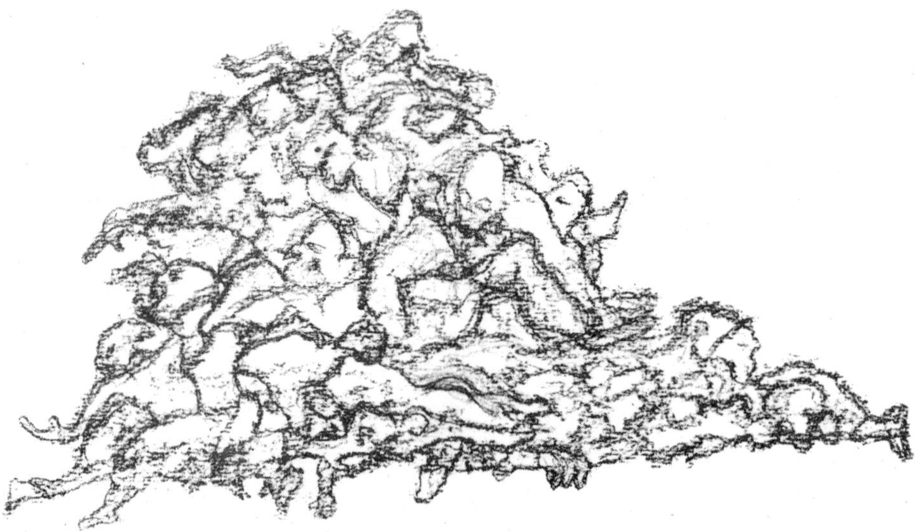